W0271931

Claudine Furlano

Anne dans la ville

Anne in the city

Zoom éditions

Anne **passe le week-end** à Lille chez Mamie Marcelle.
Elles sont en route pour **le Musée** des Beaux-Arts.

Anne **is spending the weekend** in Lille at Grandma Marcelle's house. They are going to the Fine Arts **Museum**.

Gérard &
Evelyne
POTAGES

Dans la rue il y a **du bruit**.
Les voitures, les mobylettes, les bus,
les tramways arrivent de partout.
Ça grouille, ça bouge et ça klaxonne.

In the street there is lots **of noise**.
Cars, mopeds, buses and trams
arrive from everywhere,
swarming, moving and honking.

Elles passent devant la grande cathédrale, traversent au feu, tournent à gauche et décident de prendre **un raccourci** par le marché de la place.
« Au moins ici **il n'y a pas de circulation**, dit Anne. »

They walk past the big cathedral, cross the road at the traffic lights, turn left and decide to take **a short cut** through the market on the square.
«At least **there's no traffic** here» says Anne.

ulangerie
boulangerie

Elles en profitent pour y acheter des pommes pour **le goûter.**

They take advantage of the market to buy some apples for **a snack**.

« Tu vois la fontaine là-bas **au bout de la rue piétonne**, demande Mamie ?
C'est le musée des Beaux-Arts. Le musée **est vraiment beau**. »

«Can you see the fountain over there at **the end of the pedestrian street**?» asks Grandma. «It's the Fine Arts Museum. **It's very beautiful**.»

À l'intérieur les salles et les couloirs sont **remplis de tableaux et de sculptures**.
Anne est impressionnée.

Inside the galleries and corridors are **full of paintings and sculptures**.
Anne is impressed.

Il y a même un tableau de Goya, **l'artiste** qu'ils ont **vu en classe**. Anne est aux anges. Mais le musée est vraiment grand et bien vite **elle est épuisée** par tant d'œuvres d'art.

There is even a picture by Goya,
the artist they **talked about in class**.
Anne is in seventh heaven but
the museum is really big and very soon
she is exhausted by so many works of art.

Après la visite, Mamie et Anne décident d'aller se reposer au parc. Mais quand Anne y voit tous les jeux **la fatigue est oubliée**.

After the visit Grandma and Anne decide to go to the park for a rest but when Anne sees all the games **her fatigue is forgotten**.

Au contraire elle veut **tous les essayer**...le toboggan, la balançoire, le tourniquet...

On the contrary,
she wants **to try them all** ...
the slide, the swing,
the roundabout...

Aujourd'hui il y a vraiment **beaucoup de monde** et quand Anne veut rejoindre sa mamie elle ne sait plus **où est leur banc**.

Today there are really **a lot of people** and when Anne wants to go back to her Grandma she doesn't know **where their bench is**.

Elle cherche partout, mais pas de Mamie.

Anne est perdue !

She looks everywhere but can't find her Grandma. **Anne is lost**!

Le gardien du parc la voit pleurer et s'approche d'elle.
« Tu t'es perdue, demande-t-il ? Ne t'en fais pas petite, je vais t'aider. **Je connais ce parc** comme ma poche. »

The park guardian sees her crying and approaches her. "Are you lost?" he asks. «Don't worry little girl, I'll help you. **I know this park** like the back of my hand.»

Ensemble ils font le tour des jeux, passent près du kiosque des glaces et **traversent l'allée** des bustes….

Together they make a tour of the games, pass near the ice-cream kiosk and **go down the alley** with the sculptures.

Ils font le tour du petit étang
des canards et des cygnes.
Mais **toujours pas de Mamie** !

They make a tour of the little
pond with the ducks
and swans.
But still no Grandma!

Anne **serre fort la main**
du gardien lorsque tout à coup
ils entendent crier derrière eux.
« Mamie, **c'est ma mamie**, se
réjouit Anne en séchant
ses larmes. »

Anne **holds the guardian's hand tightly** when, all of a sudden, they hear a shout behind them.
"Grandma, **it's my Grandma**
says Anne drying her tears.

Mamie arrive **en courant**. «Tu m'as fait peur mon cœur, dit-elle hors d'haleine en serrant **Anne dans ses bras**. »

Grandma **runs up** to them. Out of breath and squeezing **Anne in her arms** she says «You frightened me my sweetheart».

« J'ai rencontré **mon amie Fernande** et quand je lui ai dit
au revoir tu n'étais plus aux jeux. **Je t'ai perdue de vue.**
Quelle peur !! »

Toutes les deux **remercient** le gardien de s'être occupé de Anne.

"I met **my friend Fernande** and when I said goodbye
to her you weren't near the games any more.
I lost sight of you. What a fright!"

They both **thank** the guardian for taking care of Anne.

« Après toutes **ces fortes émotions** tu dois être fatiguée mon cœur, dit Mamie.
Allez ! On va boire un chocolat chaud et ensuite on prend le tramway pour rentrer ?
- Super ! Mais **je ne lâche plus ta main**. »

"After **all this emotion** you must be tired sweetheart" says Grandma.
"Come on, **shall we have a hot chocolate** and then take the tram home?"
«Super! But **I'm not going to let go of your hand again**.»

Le plan de la ville

The city map

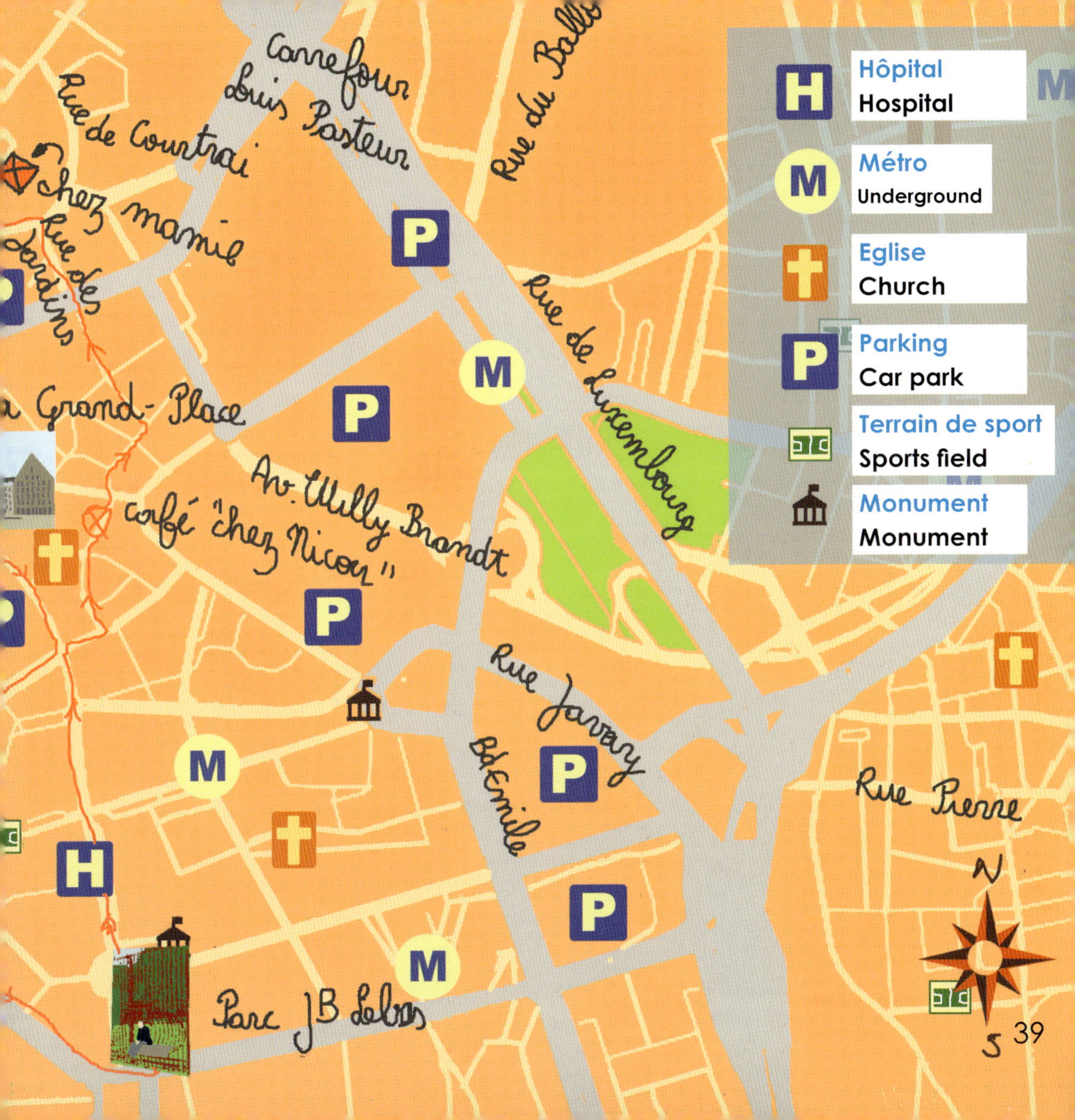
Carrefour Louis Pasteur
Rue de Courtrai
Chez mamie
Rue des Jardins
Grand-Place
café "chez Nicou"
Av. Willy Brandt
Rue de Luxembourg
Rue Javary
Bd Emile
Parc JB Lebas
Rue Pierre
N
S
Hôpital
Hospital
Métro
Underground
Eglise
Church
Parking
Car park
Terrain de sport
Sports field
Monument
Monument

La signalisation routière

le panneau stop

the stop sign

le panneau de limitation de vitesse

the speed limit panel

le panneau de zone piétonne

the pedestrian zone panel

le sens interdit

the one-way street sign

Road signs

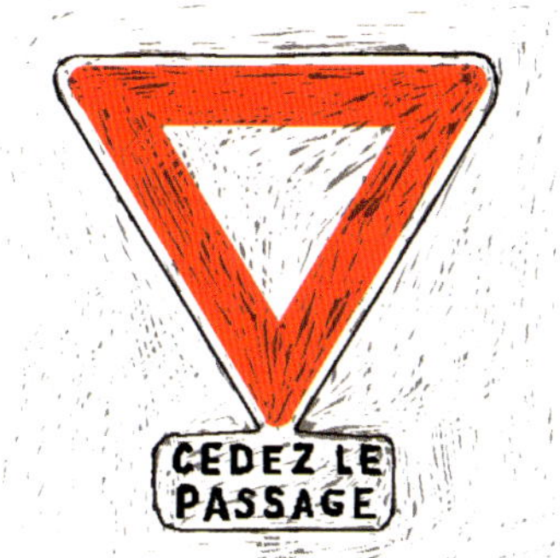

le panneau de céder-le-passage

the give way sign

le passage clouté

the pedestrian crossing

Attention travaux

attention – road works

le feu rouge - vert - orange

the traffic lights red, green, orange

Le parc

le bac à sable

the sandpit

l'étang

the pond

le toboggan

the slide

The park

le banc

the bench

le tourniquet

the roundabout

la balançoire

the swing

Les moyens de transport

le bus

the bus

la voiture

the car

Means of transportation

le tramway

the tram

le métro

the underground

le train

the train

le vélo

the bicycle

la moto

the motorcycle

Vocabulaire Vocabulary

a	L'allée	The alley
	L'artiste	The artist
b	Le bruit	The noise
c	Chercher	To look for
	La circulation	The traffic
e	Ensemble	Together
	Essayer	To try
f	La fatigue	The fatigue
m	Le marché	The market
	Le musée	The museum
o	L'œuvre d'art	The work of art
r	Le raccourci	The short cut
	Remercier	To thank
	La rue	The street
t	Tout à coup	Suddenly
v	La ville	The city